LOS LABIOS DEL SILENCIO

LOS LABIOS DEL SILENCIO
Primera edición: febrero 2026
Reservados todos los derechos:
Ediciones Torremozas

© Maritxu Ayuso
© del prólogo: David Jou
© de esta edición: Ediciones Torremozas

ISBN: 978–84–7839–960–4
Depósito legal: M–4762–2026
Impreso en Madrid

EDICIONES TORREMOZAS
ediciones@torremozas.com
www.torremozas.com

Maritxu Ayuso

Los labios del silencio

Prólogo: David Jou

LA NOCTÁMBULA

Para Izan, Lara, Nele, Gabriel, Mael y Pilar.

Prólogo a *Los labios del silencio*,
de Maritxu Ayuso

David Jou

Al leer este libro, me ha venido a la mente en repetidas ocasiones un versículo del famoso prólogo del Evangelio de Juan, «y la palabra se hizo carne». En efecto, ya en mi primera lectura del libro me quedaron, resonando en el recuerdo, «piel», «desnuda», «palabra» y «silencio». «Piel» y «desnuda» me referían a una corporalidad radical, en la cual venía a habitar la «palabra» después de una tensa espera de «silencio» asombrado, misterioso y expectante. Palabra y corporalidad se unen, después de un recorrido por ese silencio, en una apertura transcendente.

Me remitiré a algunos de los versos en que manifiesta esa proximidad entre palabra y cuerpo: «abierta en parto/ la palabra recaló desnuda», «de su vientre, nacía la palabra/ y pobló mi útero hasta engendrarla viva», «hasta llegar al verbo desnudo/ que me habita», «su mudez bajo mis carnes/violó tiempo y memoria/ todo fue don», «su ser entero/ en el Verbo desnudo que la habita», «desde su vientre/ nacía la Palabra» ... La relación que se insinúa en todos ellos es verdaderamente intensa, en una doble desnudez, la del cuerpo y la de la palabra, y con referencias de generación de vida, como parto, útero y vientre.

Para poner en relieve la originalidad de ese planteamiento poético, en que la palabra asume tal grado de corporalidad e intimidad con un cuerpo entero, desnudo, de mujer, me parece oportuno evocar la proximidad entre palabra y cuerpo en las neurociencias. En particular, la neurolingüística, en su estudio de las áreas cerebrales relacionadas con el lenguaje, identifica tales áreas, analiza sus funcionamientos, y explora su evolución biológica y su expansión en los últimos dos millones de años, ... En tales estudios, palabra y cerebro se entrelazan dinámicamente, abriendo espacios metafísicos y asombros científicos y humanísticos. En el presente libro, en cambio, la relación entre palabra y cuerpo desborda el cerebro —al que no se alude en ningún momento— y se hace más existencial, más carnal, más global, más desgarrada que en la perspectiva científica.

El camino hacia esa imbricación intensa y huidiza entre palabra y cuerpo supone un largo recorrido que tiene, entre sus referentes principales, los labios —parte del cuerpo simbólicamente próxima a la palabra— y el silencio —ámbito de asombro, misterio y expectación de donde surgirá la palabra—. Por ello, un título com *Los labios del silencio* resulta plausible y adecuado para el libro, aunque el contenido de este apunte, a mi parecer, a un ámbito todavía mayor, pero alcanzado tan solo efímeramente.

Destacaría cuatro cuartetas entre los conceptos que van apareciendo con mayor frecuencia en el libro: labios/ boca/ vientre/ piel, en lo corporal; palabra/ nombre/ presencia/ memoria, en la palabra; silencio/ tiempo/

asombro/ misterio, en el silencio; y balbuciente/ innombrable/ indecible/ trascendente, en las fronteras en que el silencio parece más poderoso, adecuado y prometedor que la palabra.

En lo que se refiere a lo corporal, me ha llamado la atención la tensión que crea la coexistencia de expresiones referidas a la preñez, al parto, al vientre, a la cópula, al desgarramiento, en una especie de mística de la posesión —«La entrega al vientre de los tiempos/ y la cópula violenta del instante/ me amarraron al crepúsculo del cielo»— con las referencias a algo aparentemente tan superficial como la piel. A primera vista, esa polaridad podría parecer paradojal, pero resulta que las alusiones a la piel apuntan también a una profundidad misteriosa, a un auténtico ámbito de conocimiento, más conceptual que sensual: «Y la piel/ estigmatizada de Presencia»; «Sobre una piel de lentos inviernos/ y entre los dedos/ un cálido corazón de hechizo/ voy escribiendo el poema», «Entré en el Misterio/ con la piel derramada sobre el camino», «Tal vez/ me bautice el aliento/ que vaciado de tiempo/ como delicada sombra/ se derrame por mi piel»; «hasta llegar al verbo desnudo que me habita/ y las costuras de su sombra/ cosían bajo mi piel/ calles de silencios/ amplias calzadas/ que calladas/ habitaban heridas y utopías»; «Mi piel desnuda/ redimida de vacío/ era acicalada de viernes santos/ y de instantes vencidos».

Esa tensión unitiva entre piel y profundidad tiene un paralelismo en la tensión unitiva que se da entre palabra y silencio. Aunque el libro busque la palabra, tiene menos poemas con títulos referentes a ella que al silencio:

«silencio oculto», «silencio», «los labios del silencio», «polvo de silencio», «me amamantó el silencio». La palabra, en cambio, solo aparece en los títulos de tres poemas: «palabra desnuda», «palabra», «huésped de la palabra». Pero el silencio, aquí, es creativo, un tiempo de espera, un espacio de resonancia, un empuje misterioso: «sopló el silencio/ como aliento de flores en las calles del atardecer», «Un murmullo de silencio/ invade la quietud de la memoria, «El silencio del agua/ por un instante/ adormece la suavidad del ser»; «En profundo silencio/ asisto embriagada/ entre piel y asombro/ y descubro/ … que nada alcanzo».; «Vestida con polvo de silencio/ ya mis ropas lavadas para ceñirse en la nube/ intenté llegar a tu nombre y al mío./ Los dos en uno»; «ese silencio que nieva mi corazón debilitado/ lo conjugo con el verbo trascendencia»; «Sopló el Silencio ... Desnuda/ y abrigada por mi propia sombra/ me extasié al acogerlo».

La fertilidad de ese silencio se debe a la presencia inquieta del Asombro y del Misterio: «un grito penetra/ y la desnuda/ mientras el Asombro la ciñe»; «Canto al Asombro/ que ciñe/ viola y preña». Gracias a ese asombro, cuerpo y universo parecen unirse; «Entro en el altar de la Memoria/ preñada desde el principio por el Misterio/ que habitando en mí/ fecunda mi humanidad y universo/ de tierra y esperanza»; «A mi corazón chiquito/ lo visten de Asombro/ y bordan bajo su piel/ un universo Infinito».

Esa aventura en busca de la unión casi corporal con la palabra culmina en un balbuceo trascendente y posesivo de los Nombres, en las fronteras de lo indecible:

«alcanzo la raíz de todos los Nombres»; «Será mi boca camino/ para pronunciar todos los nombres»; «Y balbucear el Nombre// e intuirlo tan presente/ es ya un morir poco a poco»; «Lo Indecible tan solo balbucea/ en la exigua palabra del poema», «En el poema la soledad es sonora/ lo indecible amamanta sus letras».

El premio de esa búsqueda es haber sentido «Misterioso el gozo de crear», y haberlo compartido con nosotros.

11 de diciembre de 2025.

La poesía es la palabra esencial en el tiempo.
Antonio Machado

Por la raíz del pelo algún dios me atrapó.
Sus vatios azules me hicieron chisporrotear
como a un profeta del desierto.
Sylvia Plath

Mis versos son la prosa
de mis poemas mudos.
Maria Dolores de Pablos

Saetas en burdel

En los burdeles de la noche
se cantan saetas
y nacen flores entre piernas abiertas.

Peregrinan esperanzas y mentiras
y una paz quebrada
es bebida en copas de sangre
en interiores de alcobas
en tiempos sin memoria.

También allí aúlla el chacal que abrasa
y deja los corazones indefensos
mutilando el tiempo de vida
y el rumbo de la espera.

La saeta tiene gusto a virgen desnuda
y fría.

Sin embargo
al escucharla de nuevo
quiero esconderla en mi seno
rescatar algo de su inocencia
y cerrar mis ojos en ella.

Burbuja sellada

Sopló el Silencio
como aliento de flores en las calles al atardecer.

Desnuda
y abrigada por mi propia sombra
me extasié al acogerlo
y juntos entramos
en la burbuja sellada donde habito.

La alcoba

Transito en la noche a trino de luz y piedra
camino con pies que rompen señales
con harapos vestidos de frágiles horas.

Circulo por donde no existe umbral
la fiebre me calcina los ojos
y con manos vacías y a tientas
alcanzo la raíz de todos los Nombres

Un grito sin fin penetra
en el fondo de la alcoba.

Después
el poema vuelve a su dueño
y calla.

PLIEGUES DE LA NOCHE

Danza el viento en las puertas del espíritu
la noche aturdida por la presencia
se pierde entre la nube
hasta vaciarse en humilde amante.

Vahído mudo al vuelo de garganta
los dedos se desangran
un grito penetra
y la desnuda
mientras el Asombro la ciñe
y se oculta en los pliegues de la noche.

Es sorprendida de camino.

Si mis manos

Si un día mis manos
sembradas por la pasión
no se mojaran de lluvia
de calles y aceras
y no fueran tejidas de ardor humano
se confundirían en estériles troncos
bajo su propia sombra.

Si no pudieran abrazar a los otros
y encender el fuego del amor
empaparse con el sudor de sus vidas
se confundirían en toscas piedras
y pacerían bajo la bruma
que les diera un sol enfermo.

Si un día mis manos
vendimiaran amores caducos
y acariciaran tristes limbos
ya no serían más que oscuros soplos
de efímera cosecha.

Silencio oculto

Lentamente el silencio ahonda en nuestra conciencia
atrapa espacio y vida
y su canto desmiga el camino
dejándolo despojado de tiempo y memoria.

Todavía más lentamente
desvirga nuestro ser
para concebirse en morada trascendente.

Más tarde
a cada instante que los ojos del alma lo palpen
se borrarán las palabras
y la boca regresará balbuceante solemne y silenciosa.

Siempre... fugaz
permanece oculto bajo espesa calma.

FRESCO VERGEL

... con mi nostalgia pondré atención
porque el paisaje es mío
y yo quiero viajar con mi paisaje.

Benedetti

Con mi nostalgia
en ese ir y venir
y en estrechez de amargas paredes
yo también viajo
hacia un incierto horizonte.

Y a golpes de una marea
que me vibra de asombro
y no alcanzando más
solo quiero cobijarme
en el fresco vergel
de este poema.

A pesar de que un dolor de hoja dormida
hoy me habite
este paisaje
sigue siendo también el mío
porque en él
yo ya voy cazando camino.

Mi libertad

Desde mi boca quiero exprimir la libertad
y sembrar ternura
e inundada en ella
quiero buscar quien la arrope y la vendimie.

Despeinar en ella mis sueños
hasta poblar mis soledades.

Será ella mi última palabra.

Humana y divina quiero soñarme.

Libre hasta llegar a poblarme.

Quiero la libertad del beso y del abrazo
del amigo y del amante.

Comprometida con la vida
llenarme las manos de Universo
y poder tener siempre mis pies
derretidos en su ardiente arcilla.

Quiero la libertad para mirarme adentro
y al vuelo de mis ojos
poder contar estrellas.

Será mi boca camino
para pronunciar todos los nombres.

Si mis ojos

Si no supiera con mis ojos
gozar de la belleza
del milagro de la vida
y la risa suelta
serían meros quinqués
alumbrando calles que se fueron.

Si un día mis ojos
no pudieran comulgar con los otros
y no brillasen en el fruto de la pasión
si no alumbraran tanta noche que llevo dentro
en mi desnudada piel
... el tiempo ya no importaría.

Si mis ojos no se bañaran de lágrimas
ante el dolor y la ternura
si no gozaran del campo y de la lluvia
serían como silos sin grano y sin vida.

Habitarían tan muertos
que solo distinguirían
el paramo torpe del dormido.

Piedra y aliento

Renazco en el Silencio
cruzando desierto y sombra
camino entre sus altos muros
a los que siquiera puedo palpar
y aunque sean instantes
me siento piedra y aliento
llamada por este sigilo y don.

Entre los charcos desnudos del tiempo
tengo que seguir renaciendo
caminar hasta hacerlo melodía
vestirme con la sangre de esta espera
y vivir mi propia utopía.

... escribir para
confundir las palabras
y que las cosas aparezcan.

Chantal Maillard

SÁBANA

Desabrigado el poema
por tu beso
sola queda el alma.

Y su memoria
teñida de gestos y voces
desaparece entre mis sábanas.

PALABRA DESNUDA

Cerró los ojos
y una mano glorificada
recorrió las cavernas de su delirio.

Abierta en parto
la Palabra recaló desnuda
y pobló su útero
hasta engendrarla viva.

Hoy
todo es quietud bajo la hoja del bambú.

Linaje

Si la indiferencia viajara vestida de encajes sobre mi vida
escandalizaría mis huesos
el dolor se me haría linaje
y llenaría todos los huecos
de la alcoba de este poema.

Desnudarse

No puedes decirle a nadie que se desnude
sin ofrecerle un vestido.

La soledad del despojo
es sagrada
y compromete.

PALABRA

La memoria heló la noche
su nombre
se convirtió en leyenda.

Pero su voz se hacía sed
sed que quebraba su garganta
al tiempo que desde su vientre
nacía la Palabra.

Canto escondido

En la noche
bajo una alfombra de sombras
un pájaro entona con voz
clara y altiva
a menudo
tiembla y se extingue.

Sin embargo
su canto
abraza siempre al instante.

Nacer ciega

Sobre un vestido hueco
soy medida y tallada
devorada como animal hambriento.

Y balbucear el Nombre
e intuirlo tan presente
es ya un morir poco a poco.

Plagio de recuerdos

Un murmullo de silencio
invade la quietud de la memoria
y confunde su propio sueño
en realidad efímera.

Plagia el mundo de los recuerdos
y queda solo en balbuceo
el anhelo inalcanzado.

Silencio

El silencio del agua
por un instante
adormece la suavidad del ser.

Y el tiempo
oscurece el temor.

Poema

La cadena imprevista del poema
pide disculpas a la página en blanco
que cansada de tanta tinta y tanta huella
huye arrugándose hacia un exilio desnudo.

Pero el poema insiste e invita
y el mundo danza
de la mano de quien lo escribe.

Misterioso el gozo de crear.

Huésped de la Palabra

Tentando al Absoluto
un extraño bate
e hinca su ser en el frío.

La niebla lo cobija
al tiempo que crece su vértigo.

La Palabra lo hospeda antes.

Y todo lo que existe en esta hora
de absoluto fulgor
se abrasa, arde
contigo, cuerpo,
en la incendiada boca de la noche.

José Ángel Valente

Algo caía en el silencio.
Mi última palabra fue yo
pero me refería al alba luminosa.

Alejandra Pizarnik

Porque he sido mirada,
porque fui tomada, poseída
cesé de vivir.

María Zambrano

Los labios del silencio

Martiricé la noche con pedazos de un sueño
hasta llegar al verbo desnudo que me habita
y las costuras de su sombra
cosían bajo mi piel
calles de silencios
amplias calzadas
que calladas
habitaban heridas y utopías.

Su mudez bajo mis carnes
violó tiempo y memoria
todo fue don.

Me invado en la certeza
que los labios del Silencio
... ya me besan.

Sin día

Entrega hondamente amorosa
y nada entre las manos.

Y la piel
estigmatizada de Presencia
martirizada de noche en pedazos de sueños
y nada entre las manos.

Pero su ser entero
en el Verbo desnudo que la habita.

NADA ENTRE MIS MANOS

Entro en el altar de la Memoria
preñada desde el principio por el Misterio
que habitando en mi
fecunda mi humanidad y universo
de tierra y esperanza.

A cada soplo que la noche aviva
ando en este andar no sabiendo
nada tengo entre las manos
y el vivir hiere y abrasa
intuyendo esta certeza.

En profundo silencio
asisto embriagada
entre piel y asombro
y descubro
... que nada alcanzo.

Insondable soplo de luz y sombra
que abraza el instante
y trenza de vida y esperanza
las costuras de mi ser
pero sangran
ante la certeza
... de que nunca al Misterio alcanzo.

Polvo de silencio

Vestida con polvo de silencio
ya mis ropas lavadas para ceñirse en la nube
intenté llegar a tu nombre y al mío.

Los dos en uno.

Velado siempre por la larga noche del instante
tentadora entre surcos y entregas
todo trascendía lentamente
y estremece.

Arrodillada bajo mi piel
y la mirada en solitud
como la campana del Ángelus
que repica sobre pastos heridos
se hicieron trizas mis olvidadas lágrimas.

Tú
huidizo a la vez que plenamente presente.

Yo
vaciada en el fondo de mi ser
acogiendo el instante.

Ambos bajo profundo abrazo en el mismo Universo.

Más allá de todo.
y el Todo entre las manos.

Cúpula de entregas
gratuidad del instante
vuelos de partos y ofrendas.

Soledad plenamente acompañada.

Y de mi boca...
tan solo un balbuceo.

Nací con un vaho

Sobre una piel de lentos inviernos
y entre los dedos
un cálido corazón de hechizo
voy escribiendo el poema.

Nací con un vaho en el corazón.

Fue velo delicado que
descosía mis bordes
y preñaba mi camino
hacia la intemperie abierta.

A tiempos me pierdo en sus destellos
y me estremezco al descubrir
la insondable memoria
que grabó en mí.

Y sin embargo
hoy
todo se nubla en el mapa del recuerdo.

Y ante la sorpresa brutal de esta certeza
me abrigo en penumbra
y ese silencio que nieva mi corazón debilitado
lo conjugo con el verbo trascendencia.

En el vientre del tiempo

Entré en el Misterio
con la piel derramada sobre el camino
corazón sacudido
memoria huida en vanidosos vacíos
hondas noches de abismos y alturas.

Llevé su nombre quemando los labios
y un gozo tenaz al pronunciarlo.

Todo se perturbó en ese instante.

Aprisionada en plenitud silenciosa
caminé crecida
transitando por la luz que ilumina
que quema mi hondura
y dejaba mi boca silenciada.

Con los pies ardiendo
mi amor
novicio en huertos y escalofríos
se descalzó
hundiéndose en el vientre de Tu tiempo.

Derrota

Me entregaré en derrota
sabiendo que todos los poros de mi existir
ahogados por una luz
que quema el deseo
inundarán el vacío de las horas.

Tal vez
me bautice el aliento
que vaciado de tiempo
como delicada sombra
se derrame por mi piel.

Rebaño de sueños

Corría montaña arriba
preñada de soledades
se cobijaba en los poros de la luna
donde le llovían lágrimas de barro y agua.

Concebía en tristes amaneceres
lugar donde parir
ese ascetismo de cintura amarga.

Acosada por el cerro cada vez más alto
llevaba sus manos heridas
de sostener tanta esperanza rota.

Este rebaño de sueños
como memoria de muerte
a tiempos la acecha
y le impide saborear
la añoranza de la luz recibida.

Es tan ladrón este poema...
que llora por dentro
que por fuera no quiere.

Trenzada de crepúsculo

Con voz de pasto verde cruzaba el tiempo
encendida en el hilo de una espera
altos muros torvos
tendidos entre mi cuerpo y el cielo
agredían este silencio
que desnuda y cubre.

Y del que bebo.

La entrega al vientre de los tiempos
y la cópula violenta del instante
me amarraron al crepúsculo del cielo
mientras un aire que peinaba vida
convertía en manso preludio
el vértigo que ya nacía.

Viento que iluminas

Canto al Asombro
que ciñe
viola y preña.

Soplo hondo
más íntimo que yo misma
los dos en uno
y siempre trascendiendo.

Viento que iluminas
sombras y días
y deshilvanas palabras
en el silencio en que te nombro.

.

*Tu palabra recorre todo el espacio y llega
a mis células que son mis astros y va
a las tuyas que son mi luz.*

Frida Khalo

*Única espectadora de mi propio escenario
... ir de edad en edad, de sueño a sueño,
de luz de alba a sombras tenebrosas.*

M.ª Teresa Cervantes

Pañuelo al viento

Voy a dormir soledades
como cuando era chica
sin recordar tiempo
ni memoria segura.

Me dejaré llevar libre de ataduras
pañuelo al viento
y en las pupilas
suave ternura.

Deshabitada
y entre caminos húmedos
echaré mi alma al abandono
para que las soledades la recojan
y hagan de ella
un solitario poema.

Atardecer

Vuelas gaviota
aspirando el dulce salobre del atardecer
y suave ya el recuerdo
te alzas en sacramento
coloreando de ilusión
el día que acaba.

Pero un dolor de olvido
te invade.
¿Será esta la hora
donde en el espíritu
se hunden los alfileres de la memoria
intimando a olvidar
como si el cielo dormitara en un descuido.

Inconsciente

Llevo un inconsciente confuso
regado en surcos de destellos y sombras
huidizo en la fragilidad del tiempo
y bañado de trascendencia.

Cuando la seriedad lo invade
se refugia sobre mis hombros
a ratos también hipócrita
se escapa hacia sí mismo
creando caprichosamente su tiempo y memoria.

Es difícil conocerlo
su cordón umbilical le grita
y me impide acceder a su silencio,

... pero es el mío.

LLUEVE

Llovizna
y el sopor de esta tarde de invierno
—junto a mis perros—
me aprisiona de vacío y silencio.

Huellas de agua
buscan el tranquilo regazo de la memoria
y limpios los párpados de desnudas miradas
solo el vuelo de unas aves
embaraza el espacio.

La luz callada de esta tarde
bautiza de nostalgia
esta viva calma.

CORAZÓN HILVANADO

A mi corazón chiquito
lo visten de Asombro
y bordan bajo su piel
un universo Infinito.

Frágil palidece
y en noche todavía
canta que lo hilvanan
al velo del amor.

ACENTOS TIBIOS

En una desabotonada noche
me descubrí ante la intemperie
que acechadora y sabia
andaba curtiéndome.

Fue en sangre y beso.

Mi piel desnuda
redimida de vacío
era acicalada de viernes santos
y de instantes vencidos.

Aleteo de pájaro lanzado al viento
que entre su pecho y la avidez del alma
lo van zurciendo
a las aristas de un cielo nuevo.

Fascinada y en temblor de junco
me escondo tras mi oscura alberca.

Fue en noche abierta
poblada de acentos tibios.

Danza de sol

Era noche
y asistía al parto de la luz
danza del sol entre mis cabellos.

Desde el inicio
permanecí desnuda
sin deseo ni lamento
nada que enturbió el instante.

Todo permaneció virgen.

Tibia solitaria

El Asombro profundo besó el útero de su vida
dejando en su huella
soplo de brisa inquieta
y vestido de sangre y fuego
la entretejía de amanecida.

Su presencia
se lanzaba sobre su vientre
y alcanzando lugar tan alto
incendió sus raíces pequeñas
y penetrando en su propio calabozo
iluminó sus palabras mudas.

Preñada iba como tibia solitaria
sed y piel arrugada
y llamándolo sin palabras
cantó en desnudez.

Pero ante el temblor del instante
ahogó sus pies sobre la tierra.
y ahora entre mis manos
desnudo este inacabado poema.

LUCIÉRNAGA

Un dolor más allá del ser
con agudeza de espina
de noche atravesó su vida
y un delicado tiempo incierto
la desnudó.

Confusa con su intimidad
transita desde ahora sin cielo
en orilla sin fondo
en noche que invita
presencia que la invade
en soledad ciñendo
y en una entrega...
más allá de este poema.

Y en aquel instante silencioso y quieto
se extinguieron sus pasos
y la lágrima que cayó de su mejilla

todavía ahora
palpita en esta tierra
que las luciérnagas iluminan.

Horas atrevidas

En el silencio descubrí un vivir
profundo y hondo
a tiempos sangrante
a tiempos gozoso
que me unía a la vida y al tiempo

aquel de mis horas atrevidas.

Fue delicado y sencillo
como pliegue de un viento
que pasa de puntillas
besando la ultima orilla.

En él quedé habitada.

Universo entre las manos

Si me amamantó el silencio
que con su lengua doblada
recorría el alma
debió ceñirse en mi velo
quedando dormido
junto a la marea de mi espalda.

De aquel tiempo caprichoso
y de su carnaval de frágiles horas
hoy queda silenciosa certeza
de que ambos
habitamos la misma orilla.

Ahora soy peregrina
que camina por eriales sedientos
granada en el sueño de una espera.

Huérfana y libre
tan solo el Universo entre mis manos.

La paz callada

El silencio se hace pequeño
como el cirio de noche
en jardín de luz encendida
y danzo en esta hora sombría
violada y doliente
sintiendo un cincel solitario
que arrebata mi alma
golpeando siempre la misma herida.

Instante confuso y trascendente
donde el corazón es saqueado.

Un nuevo lugar palpo
y en esta soledad en que me hallo
voy ya ceñida de paz callada.

Locura y amor se trenzan
mis senos desnudos
van hambrientos de arrojo
hondos y sangrantes ante el Asombro
se abrasan
y la Luz
el Amor y el Verbo
se funden en promesa
dibujándose ya
en sombra de presencia.

NOCHE

Noche infinita que vagas
por los claustros de mi celda
crucificándome en tu hora
y jugando entre mis hebras.

Eterna y atrevida
borras el alba de mis ojos
dejándome desnuda
en intemperie
vencida
humilde y afligida.

Noche eterna
que trepas por mi anhelo
y apretándome de silencio
besas mi nostalgia
y bebes de mi agotada sangre.

Noche infinita que abrigas mi alma
compañera de mis certezas y dudas
amante que peinas mis deseos
recogiendo poemas allá donde descalzo el alma
trillándolos de nubes y amanecidas.

Noche profunda
que desnudándome me cedes al Misterio
y que entre asombro y certeza
turbas mis venas hasta hacerlas tuyas
y nombrándome

golpeas mis alas
para llevarme muy lejos.

Infinita y eterna
en tu regazo mi vientre descansa
tu claroscuro es mi camino
y son tus brazos
que recogiendo mi sangre y anhelo
empujan este vuelo que me habita.

En el pliego de la vida

Cuando agonice
quizás sea ceniza sellándome en Tu huella
pero ahora
se me agotan los días
y qué difícil es ser yo
andando tan deslumbrada y tan ciega.

Instalada bajo mi piel
lágrimas caerán de mis ojos desabrigados
voy gastada en anhelos
y todo hiere.

Viajo entre sombras
y despeino tinieblas
se rasga el fondo del abismo
y con pasos inciertos y trémula
penetro
y balbuceo.

En el pliego de mi vida
se dibuja la soledad poblada
y bajo el manto del Silencio
se ahoga
el grito del encuentro.

En este instante
huyo hacia mi rincón deshabitado
y despoblada
me fundo en el poema.

En el poema, el lenguaje alcanza su máxima potencia cuando se enfrenta al silencio.

Giorgio Agamben

Hay pocas cosas tan ensordecedoras como el silencio.

Mario Benedetti

El Asombro ilumina al poema
y la Palabra rasguea sus letras.

Lo Indecible tan solo balbucea
en la exigua palabra del poema.

El poema recoge al Asombro en la desnudez del ser
para poder ser tecleado
al tiempo
donde la ausencia se hace presente.

En el poema la soledad es sonora
lo indecible amamanta sus letras.

El poema tiene gusto a desierto
si no tiene sabor de lo indecible.

Todo poema es canto
Velado
Misterioso
concebido desde lo más hondo
y parido en noches de silencio.

El poema se aproxima a lo Innombrable
y en humildad intenta recrearlo
pero solo el tecleo balbuciente
permanece sobre la hoja del papel.

Porque lo Indecible permanece recluido
en las austeras letras del poema.

Índice

Este libro
se terminó de imprimir el día
24 de febrero de 2026,
aniversario del nacimiento
de Rosalía de Castro.